INSTRUCTION PUBLIQUE.

FACULTÉ DE DROIT DE STRASBOURG.

ACTE PUBLIC SUR L'ADOPTION,

QUI SERA SOUTENU

A LA FACULTÉ DE DROIT DE STRASBOURG,

Le Jeudi 12 *Août* 1819, *à quatre heures de relevée*,

POUR OBTENIR LE GRADE DE LICENCIÉ EN DROIT,

PAR

PHILIPPE-JACQUES FRANTZ,

BACHELIER ÈS-LETTRES ET EN DROIT,

DE STRASBOURG (DÉPARTEMENT DU BAS-RHIN).

STRASBOURG,

De l'imprimerie de LEVRAULT, impr. de la Faculté de Droit.

1819.

A MES PARENS,

ET

A TOUS CEUX QUI ONT CONTRIBUÉ A FORMER MON ESPRIT.

P. J. FRANTZ.

M. Hermann, Chevalier de l'Ordre royal de la Légion d'Honneur, Doyen de la Faculté de Droit.

EXAMINATEURS:

MM. Laporte, Arnold, Hermann, Professeurs.

Kern, ... Professeur-suppléant.

La Faculté n'entend approuver ni désapprouver les opinions particulières au Candidat.

Vérité. Lumière.

SUR L'ADOPTION.

INTRODUCTION.

§. 1.er Le désir d'être père est un besoin de la nature humaine, qui se manifeste toutes les fois que des besoins plus pressans ne l'en empêchent.

§. 2. C'est dans l'homme qui a atteint le faîte de son développement, c'est-à-dire, qui se trouve entre l'accroissement et le déclin de sa vie, et qui jouit d'une certaine aisance, que ce désir se manifeste avec le plus de force.

§. 3. Les principaux effets qu'on veut obtenir de la paternité sont: une liaison intime et indissoluble entre le père et le fils; l'espoir du père de revivre un jour dans son fils, de lui transmettre ses acquisitions, et d'avoir en lui un soutien de sa vieillesse. La source et la garantie de tous ces effets, c'est le lien du sang qui existe entre le père et le fils.

§. 4. L'homme, donc, qui est au faîte de son développement et qui jouit d'une certaine aisance, s'il prévoit qu'il ne peut être père, n'en regrettera que plus fortement les délices de la paternité, et, dans l'impossibilité d'avoir un fils issu de son propre sang, il tâchera au moins de trouver quelque personne étrangère qui puisse lui en tenir lieu. Comme la nature ne lui a point attaché une telle personne, il est obligé de se l'attacher lui-même par un lien aussi intime que possible pour remplacer celui de la nature; car autrement il ne sauroit obtenir les effets qu'il a en vue. Il tâchera donc de trouver un enfant qu'il s'offrira à garder chez lui, à élever comme son propre fils, et à instituer héritier de sa fortune, dans la vue seulement de se l'unir intimement, pour jouir dans cette union de quelques-unes des délices de la paternité. Connoissant la pureté de ses intentions, on ne fera point difficulté de lui abandonner l'enfant qu'il demande, et alors il lui inspirera bientôt, par l'éducation qu'il lui donne, les bienfaits et les soins paternels qu'il lui prodigue, úne sorte d'attachement filial qui, s'affermissant avec l'âge et réinfluant sur son propre attachement paternel, produira entre eux une liaison semblable à celle de la véritable paternité; et cette liaison acquerra toujours un degré d'intensité d'autant plus grande que l'enfant aura été plus jeune lors de son commencement : car alors, elle se naturalise plus aisément dans le cœur, y jette de plus profondes racines, et produit d'une manière plus frappante la douce illusion de la véritable paternité. Le bienfaiteur appelle du nom de fils l'enfant qu'il élève et qui le console de la privation d'un fils véritable, et celui-ci lui répond par le nom de père.

§. 5. Cette liaison intime, cette espèce de paternité entre ces deux personnes; s'appelle l'adoption : le bienfaiteur s'appelle adoptant; l'enfant qu'il élève, adopté. Ces dénominations sont empruntées des Romains, chez lesquels *adoptio*, *adoptatio* signifioit le choix qu'on faisoit de quelqu'un en qualité de fils.

§. 6. Cependant la paternité qui résulte de l'adoption, n'est point une véritable paternité; ce n'en est qu'une imitation, un supplément, qui doit consoler de la privation de cette dernière. La paternité véritable a le caractère de l'indissolubilité; elle est fondée sur la nature, la volonté de Dieu : la paternité adoptive, au contraire, qui n'est fondée que sur la volonté humaine, est variable comme cette dernière, et conserve toujours un certain caractère de dissolubilité.

§. 7. Les liens provenant de l'adoption ne peuvent donc avoir la force de ceux qui proviennent de la véritable paternité; donc aussi ils ne sauroient porter atteinte à ceux déjà établis par la nature, les affoiblir, ni à plus forte raison les dissoudre : ce ne sont que des liens accessoires qui viennent s'attacher aux liens principaux, et qui ne sauroient exister que tolérés par ces derniers. L'adoptant, par conséquent, s'il a encore ses père et mère, restera leur fils comme il l'auroit été sans la survenance de l'adoption ; l'adoptant n'est qu'une espèce de père subsidiaire, un premier bienfaiteur de l'adopté, sur lequel il n'exerce d'autre ascendant que celui que lui assurent ses bienfaits et la volonté du père naturel, sous l'autorité duquel il est censé agir. Il ne peut donc point résulter non plus, entre l'adoptant et l'adopté, ni à plus forte raison entre l'adopté et la famille de l'adoptant, un rapport de famille au détriment des rapports établis par la nature.

Tels me semblent être à peu près les principaux traits de l'origine de l'adoption et de ses rapports avec la paternité naturelle.

§. 8. L'origine de l'adoption étant le désir de la paternité, et ce désir, comme un besoin de la nature humaine, étant de tous les temps et de tous les lieux où des besoins plus pressans ne l'étouffent pas, l'adoption doit l'être également. Mais la manière de satisfaire ce désir, de réaliser l'idée de l'adoption, dépendant des mœurs, de la culture de l'esprit, de l'idée plus ou moins parfaite qu'on se fait de la paternité, et toutes ces choses étant différentes suivant les temps et les lieux, l'adoption, c'est-à-dire, sa figure extérieure, doit l'être aussi : sous ce point de vue il faut distinguer différentes adoptions, c'est-à-dire, différentes manières d'en réaliser l'idée.

§. 9. L'adoption, comme tous les autres actes de la vie civile, ne s'est introduite d'abord dans la société que comme un acte purement individuel, sans aucune forme générale ; chacun adoptoit suivant son goût et ses vues particulières. Mais, quand l'adoption fut devenue plus fréquente, quand on eut commencé à reconnoître son influence sur l'ordre de la société, et à découvrir les troubles nombreux que les passions et l'imperfection de l'intelligence humaine auroient pu introduire par son moyen, alors le pouvoir conservateur de l'ordre social dut être forcé à tracer des règles fixes et invariables à l'adoption, pour empêcher qu'on ne s'en servît à de funestes effets. C'est ainsi que les adoptions particulières furent réunies en des formes générales, qui cependant ne sont autre chose que le résultat général des modes particuliers pratiqués antérieurement et mis en harmonie avec les principes constitutionnels des sociétés qui les ont établies. Chacune de ces adoptions générales doit donc porter l'empreinte des mœurs, de la culture spirituelle et des principes conservatoires de la société dans laquelle elle a pris naissance.

PREMIÈRE PARTIE.

ADOPTION ROMAINE.

§. 10. A Rome, l'adoption n'étoit pas seulement une institution établie directement pour le bien des particuliers, elle y étoit en même temps une institution politique et religieuse.

Les lois romaines récompensoient par différens priviléges les pères qui avoient enrichi l'État de plusieurs enfans.

Elles avoient entouré l'état des pères de famille d'un honneur et d'un éclat inconnus ailleurs ; chacun devoit ambitionner cette dignité et brûler du désir de la perpétuer avec son nom.

Les pères de famille avoient leur propre culte religieux, qu'ils tenoient de leurs ancêtres, et que les institutions religieuses leur ordonnoient de conserver éternellement : ce qui ne pouvoit se faire que par sa transmission à des descendans mâles, qui devoient perpétuer avec ce culte le nom de celui dont ils le tenoient.

Toutes ces circonstances contribuèrent à rendre à Rome l'adoption d'un usage plus fréquent et d'une plus grande importance que partout ailleurs : il y étoit d'un intérêt éminent d'avoir des enfans, et si l'on ne pouvoit en avoir de son propre sang, on y remédioit par des enfans d'autrui, avec d'autant plus de facilité que les enfans étoient la propriété du père, qui pouvoit les vendre et en acheter d'autres à son gré.

§. 11. Quand l'adoption commença à paroître et à devenir d'usage parmi les Romains, leurs mœurs étoient encore défigurées par une puissance absolue du maître sur son valet, c'est-à-dire son esclave; du mari sur sa femme, du père sur ses enfans; par une prépondérance des mâles sur les femmes; la faculté exclusive des premiers de faire les familles, de succéder à leurs parens, et par de semblables institutions, toutes enfantées par la barbarie intellectuelle et morale des premiers âges.

C'est sur de tels principes que fut fondée l'adoption romaine, et c'est eux qui lui imprimèrent son caractère distinctif, mais qui s'opposèrent constamment à son perfectionnement: car un respect mal entendu pour les antiques institutions les entrelaça tellement dans les idées et les mœurs romaines, que bientôt celles-ci devinrent impénétrables à la lumière croissante de la raison, et que l'esprit de l'humanité, pour ne pas échouer à ces principes, fut obligé de recourir aux subtilités et aux fraudes pour en déduire, dans le droit prétorien, au moins quelques conséquences raisonnables.

§. 12. La législation romaine sur l'adoption, depuis son commencement (voy. §. 13) jusqu'au temps de JUSTINIEN, embrasse un espace d'au-moins huit cents ans, et a subi une série de mutations qu'il seroit intéressant de considérer dans leurs développemens successifs; mais les sources nous en manquent. Néanmoins je tâcherai d'indiquer le cours de ces mutations seulement en général, en considérant l'adoption telle qu'elle s'est montrée à différentes époques, et c'est aussi pourquoi je l'ai partagée en trois parties: 1.° l'adoption avant la législation du Digeste; 2.° l'adoption d'après le Digeste; et 3.° celle de JUSTINIEN.

Sous le nom d'adoption d'après le Digeste, je comprends toute la législation depuis AUGUSTE jusqu'à JUSTINIEN, non-seulement d'après le Digeste même, mais aussi d'après les constitutions des empereurs avant JUSTINIEN. (Cf., §. 28.)

TITRE I.er

Adoption avant la législation du Digeste.

§. 13. L'adoption a-t-elle été connue à Rome avant les XII tables, ou seulement depuis? Je l'ignore. Les premières traces que j'en ai découvertes, se trouvent dans AULU-GELLE et dans CICÉRON. AULU-GELLE, *l. V, c.* 19, fait voir que l'adoption étoit déjà connue à Rome du temps de Scipion, c'est-à-dire, environ deux cents ans avant Jesus-Christ : le même chapitre renferme encore un passage de MASSURIUS SABINUS et une formule qui, très-probablement, se rapportent également à cette ancienne adoption. Mais c'est surtout CICÉRON qui, dans son discours *pro domo*, nous a conservé des détails plus nombreux et plus intéressans à ce sujet.

§. 14. La formule que cite AULU-GELLE, est évidemment une formule pratiquée pour les adoptions de son temps ; mais son origine est beaucoup plus ancienne et remonte peut-être aux premières adoptions romaines : le style, ainsi que les effets que cette formule accorde à l'adoption, et qui n'avoient plus lieu du temps d'AULU-GELLE (voy. §§. 15 et 29, etc.), semblent l'indiquer. Au moins elle paroît se rapporter à des temps où les cognats n'étoient pas encore admis, par le droit prétorien, à la succession de leurs parens ; autrement les enfans adoptifs seroient entrés comme cognats dans la famille de la femme de l'adoptant, et y auroient acquis des droits d'hérédité. Dans la suite les effets de l'adoption changèrent ; mais cette formule fut toujours conservée.

CHAPITRE I.er

Effets de l'adoption.

§. 15. D'après cette formule l'adopté devient fils de l'adoptant, de même que s'il provenoit de lui et de sa femme : *Quam. si. ex. eo. patre. matre. q. familias. ejus. natus. esset.*

Il n'y avoit donc aucune différence entre l'enfant adoptif et l'enfant naturel.

§. 16. L'adopté prend le nom de l'adoptant, et devient héritier de ses biens, de son rang, de son culte religieux.

§. 17. En même temps il sort de sa propre famille, et y perd tous les droits d'hérédité avec son rang et son culte religieux. (Cicero, *pro domo*, 13 *et* 14.)

§. 18. L'adopté, s'il est affranchi, entre dans les droits d'ingénuité de l'adoptant (Gell. V, 19).

§. 19. L'enfant adoptif, comme l'enfant naturel, compte pour procurer à l'adoptant les priviléges des pères (*ibid.*). Scipion, qui rapporte cet effet pour les adoptions de son temps, 200 ans avant J. C., ajoute cependant qu'il est contraire aux institutions des ancêtres.

CHAPITRE II.

Conditions (Cic., *pro domo*, 13; 14).

§. 20. On ne peut adopter que lorsqu'on n'a pas d'enfans, qu'on n'est plus en âge d'en procréer, et que, avant cet âge déjà, on a manifesté la volonté d'en avoir (par le mariage sans doute).

§. 21. La fiction de la paternité adoptive doit imiter autant que possible la vérité de la paternité naturelle.

CHAPITRE III.

Formes.

§. 22. L'antiquité connoissoit déjà deux espèces d'adoption : celle d'un homme qui se donne lui-même en adoption (*adoptio hominis sui juris*, *adrogatio* d'après le Dig.), et celle d'un homme qui est donné en adoption par la personne sous la puissance de laquelle il est constitué (*adoptio hominis alieni juris*, *adoptio* d'après le Dig.). CICÉRON parle de la première, *pro dom.*, 13; 14; il fait mention de la seconde, *de finib.*, 7. Le passage de MASSURIUS SABINUS, cité dans A. GELL., fait également allusion à ces deux espèces.

§. 23. CICÉRON rapporte ainsi les formes de la première. L'adoption est soumise au collége des pontifes : ceux-ci examinent l'âge de l'adoptant, la cause de l'adoption ; si c'est pour la conservation de sa famille, de sa dignité, de son culte, qu'il adopte ; si l'adoption ne détruiroit pas le culte de l'adopté, ce qu'ils ne devoient jamais permettre, comme conservateurs du culte des familles : *Sacra privata perpetuo manento*, dit une des lois des XII tables.

§. 24. L'adoption devoit ensuite être proposée au peuple, et ordonnée au moyen d'une loi. La demande de l'adoption, comme tous les autres projets de loi, devoit être exposée au peuple pendant trois jours de marché consécutifs (ils se tenoient tous les neuf jours). Le peuple se réunissoit alors en curies ; l'adoptant étoit demandé s'il vouloit avoir l'adopté pour fils, et il devoit répondre formellement, oui ; puis on demandoit à l'adopté s'il vouloit que l'adoptant eût sur lui le même pouvoir que le père a sur son fils, et il devoit répondre de la même manière ; enfin on demandoit au peuple s'il vouloit consentir à cette adoption : sur quoi il la refusoit ou l'ordonnoit par ses suffrages. (Sur tous ces détails v. CIC., *pro dom.*, 13; 14; 16; 29 *fin.*)

§. 25. De cette manière on pouvoit adopter non-seulement des ingénus, mais même des affranchis. (Cf. §. 18.)

§. 26. La seconde espèce d'adoption se faisoit par une émancipation de la personne constituée sous puissance qui devoit être adoptée (CIC., *de finib.*, 7); j'en ignore les autres détails. (Cf. §. 57.)

§. 27. De cette manière on pouvoit adopter non-seulement des fils de famille, mais même des esclaves. (GELL., V, 19.)

Voilà à peu près les principaux traits que j'ai pu rassembler sur l'adoption primitive des Romains jusqu'aux temps d'Auguste.

TITRE II.

Adoption d'après le Digeste.

§. 28. Depuis Auguste jusqu'à Alexandre Sévère (1—240 environ), il parut successivement une foule de jurisconsultes célèbres, qui peu à peu modifièrent cette adoption primitive, non en changeant les principes, mais en s'efforçant d'en adoucir les conséquences et de les adapter à la raison. Il est impossible, cependant, de tracer la marche successive de ces changemens, puisque le Digeste, quoique présentant les décisions des jurisconsultes les plus célèbres qui ont concouru à les introduire, est cependant conçu de manière à ne présenter que l'état de la législation romaine sur l'adoption telle qu'elle existoit à la fin de cette période et qu'elle s'est conservée jusqu'à JUSTINIEN : car les constitutions subséquentes des empereurs n'y apportèrent qu'un petit nombre de changemens, la plupart de peu d'importance.

CHAPITRE I.er

Effets.

A) Effets généraux.

§. 29. L'adoption confère à l'adopté la qualité de fils de famille de l'adoptant. (*D. de adopt.*, 1.)

§. 30. L'adopté passe sous la puissance de l'adoptant. (ULP., 8, 1; GAJ., 1, 5, 2.)

§. 31. Il passe dans la famille de l'adoptant, c'est-à-dire, il acquiert les droits de l'agnation et par conséquent aussi de la cognation envers tous les agnats de l'adoptant. (*D.*, *de suis et legit.* 2, 3; *de adopt.*, 23; *unde cogn.*, 1, 4.)

§. 32. Mais il reste étranger à la femme de l'adoptant, ainsi qu'à tous ceux qui ne sont pas dans la famille de l'adoptant, tels que sa mère et tous les autres cognats. (*D. de adopt.*, 23.)

§. 33. Il perd les droits d'agnation dans sa famille naturelle; mais il y conserve tous les droits de cognation, tant du côté paternel que du côté maternel. (*Cod. de adopt.*, 10 *pr.*; *D. unde cogn.*, 1, 4; GELL., V, 19.)

B) Effets particuliers.

§. 34. Il y a deux sortes d'adoption, dont chacune a des effets différens : l'adrogation (cf. §. 22) et l'adoption proprement dite, c'est-à-dire, l'adoption d'un fils de famille (conf. §. 22). Voyez *D. de adopt.*, 1, 1; GAJ., 1, 5, 2; ULP., 8, 2; 3; GELL., V, 19.

a) Adrogation.

§. 35. Elle opère une *capitis diminutio;* car, de père de famille, *sui juris*, l'adrogé devient fils de famille *alieni juris*. (Confront. GAJ., 1, 5, 2.)

§. 36. L'adrogé passe sous la puissance de l'adrogeant avec tous ses droits et obligations, comme le principal avec tous ses accessoires, et conséquemment aussi avec les enfans qu'il a sous sa puissance, lesquels deviennent petits-enfans de l'adrogeant. (*D. de adopt.*, 2, 2; 15 *pr.*; 40; GAJ. 1, 5, 5.)

b) Adoption.

§. 37. Elle opère seulement le passage de l'adopté d'une famille dans une autre.

§. 38. Les obligations et les droits respectifs entre le père et son fils véritable cessent et s'établissent entre l'adoptant et l'adopté. (QUINTIL., *Declam.* 346, cité par NOODT; *D. de adopt.*, 45; *de pecul.* 42.)

§. 39. L'adopté passe sous la puissance et dans la famille de l'adoptant, lui tout seul; car il n'a encore rien à lui : par conséquent ses enfans restent sous la puissance et dans la famille de leur aïeul, à moins que celui-ci ne veuille les comprendre également dans l'adoption. (*D. de adopt.*, 40.)

CHAPITRE II.

Conditions.

A) Générales.

§. 40. Pour adopter on n'a pas besoin d'être marié. (*D. de ad.*, 30; ULP., 8, 6.) L'aveugle peut adopter et être adopté. (*D. de adopt.*, 9.) Le *spado* peut adopter; son vice corporel ne l'en empêche (voy. §. 44). Le muet peut donner en adoption, et l'adoption est confirmée, *ac si jure facta esset.* (*D. de adopt.*, 29; conf. HEINECC., *Ant. Rom.* I, XI, 12.)

Il paroît que l'ancienne législation avoit envisagé d'un œil défavorable le célibat et quelques défauts corporels, et qu'elle y avoit attaché la défense de l'adoption.

§. 41. Il faut être privé d'enfans tant véritables qu'adoptifs. (*D. de adopt.*, 17, 3; 15, 3.) Cette condition n'étoit point de rigueur; les mêmes lois prouvent qu'on y admettoit de nombreuses exceptions. Exemples de ces exceptions. (*Ibid.* 10; 11; 44.)

Ne pouvoit-on pas éluder cette condition par l'émancipation?

§. 42. Il faut être déchu de l'espérance d'avoir encore des enfans, c'est-à-dire, avoir soixante ans. Avant cet âge on ne peut adopter, parce qu'alors on doit tâcher de se procurer des enfans véritables, à moins qu'on ne soit valétudinaire, ou qu'on n'ait une autre juste cause pour adopter. (*D. de adopt.*, 15, 2 ; 17, 2 ; GELL., V, 19.)

§. 43. Il faut être mâle. (ULP., 8, 9 ; GAJ. 1, 5, 3 ; *Inst. de ad.*, 10.)

Un rescrit de DIOCLÉTIEN et MAXIMIEN, de 291 (voy. *Cod. de ad.*, 5), autorise une sorte d'adrogation pour les femmes, en leur permettant, pour les consoler de la perte de leurs fils, d'adroger leur beau-fils en qualité de fils véritable ; mais cette adrogation n'établit que les mêmes liens et les mêmes droits qui peuvent exister entre la mère et son fils véritable.

Ce n'est que vers la fin du neuvième siècle que l'empereur LÉON accorda la faculté d'adopter à tous les mâles et à toutes les femmes indistinctement, qu'elles aient eu des enfans ou non. (V. sa Const., 27.)

§. 44. Ne pas être dans l'impossibilité absolue et manifeste de procréer, comme les castrats. (Cf. *D. de adopt.*, 16.)

Le Digeste et les Institutes ne parlent point de cette incapacité ; seulement ils accordent la faculté d'adopter aux eunuques appelés *spadones*. (*I. de adopt.*, 9 ; *D. de adopt.*, 40, 2 ; ULP., 8, 6 ; GAJ., 1, 5, 4.)

Ceux-ci n'avoient qu'un certain défaut aux parties génitales, et par ce motif on ne pouvoit leur refuser absolument toute faculté de procréer. (*D. de verb. signif.*, 128, *cum not.* GOTHOFR. ; confr. particulièrement *De ædilit.*, 6, 2 et 7 ; *de jur. dot.* 39, 1.) C'est le même empereur LÉON qui accorda enfin la faculté d'adopter même aux castrats, *qui genitalibus privati sunt, quibus hominum injuria generandi vim ademit* (v. sa Const., 26). Il y rapporte en même temps que les lois antérieures leur avoient refusé cette faculté.

§. 45. Avoir dix-huit ans de plus que l'adopté. (*D. de adopt.*, 40, 1 ; *I. de adopt.*, 4.)

B) *Conditions particulières.*

a) *Adrogation.*

§. 46. L'adrogé doit être mâle. (GELL., V, 19; ULP., 8, 5, dont voici le texte : *Per prætorem vel præsidem provinciæ adoptari tam masculi quam feminæ, et tam puberes quam impuberes possunt. Per populum vero romanum feminæ quidem non adrogant.*) Mais il faut lire *arrogantur;* le mot *vero* l'indique : il exprime une opposition des personnes qui peuvent être adrogées, à celles qui peuvent être adoptées. D'ailleurs, le §. 9 ajoute : *feminæ vero neutri modo possunt adoptare*; ce seroit une répétition oiseuse, si le §. 5 contenoit *feminæ non arrogant.*

Cette condition n'est de rigueur que quand l'adrogation se fait devant le peuple; car, par rescrit du prince, on peut adroger aussi des femmes. (*D. de ad.*, 21; cf. §. 48.)

§. 47. Sorti de tutelle (GELL., V, 19); être *vesticeps* (*ibid.*), c'est-à-dire majeur de quatorze ans. (Gloss., DU CANGE, *h. v.;* GELL., *ibid, cum not.* GRONOV.; cf. ULP., 11, 28). L'adrogation des pupilles est défendue; mais, depuis ANTONIN le pieux, elle est permise. (V. §. 81.)

b) *Adoption.*

§. 48. On peut adopter des mâles et des femmes (ULP., 8, 5); mais celles-ci ne peuvent tenir lieu que de filles à l'adoptant. (GAJ., 1, 5, 3.)

§. 49. Des pubères, des impubères, même des *infantes.* (ULP., 8, 5; *D. de ad.*, 42.)

§. 50. Mais non des esclaves. (GELL., V., 19; cf. §. 27.)

CHAPITRE III.

Formes.

A) *Adrogation.*

§. 51. Les formes de l'adrogation paroissent être les mêmes que celles de l'ancienne législation. GELL. (V, 19) parle d'un serment inventé par le *pontifex Max. Q. Mucius*, qu'on prêtoit en adrogeant. L'adrogation ne devoit pas être un prétexte pour s'approprier les biens de l'adrogé (*ibid.*). Déjà Cicéron., *pro dom.*, 14, avoit observé que l'adrogation surtout doit être exempte de fraude.

§. 52. L'adrogation exige la présence et la volonté formellement exprimée de chacun des deux contractans. (*D. de ad.*, 5; 24; 25, 1.)

§. 53. Elle ne peut avoir lieu qu'à Rome (Ulp., 8, 4). Ce n'est qu'à Rome que se trouvoit le peuple romain, et qu'il pouvoit être assemblé en comices.

§. 54. Quand les empereurs eurent acquis l'autorité du peuple, ils permirent l'adrogation par des rescrits. (*Cod. de ad.*, 2.)

J'en ignore les formes; mais je présume, d'après le *Cod.*, *de ad.*, 2, que le préteur, ou le président de la province, examinoit la cause de l'adoption et l'existence des conditions; qu'il accompagnoit la demande des parties de ses observations, sur lesquelles l'empereur accordoit ou refusoit l'adoption, et qu'en ce dernier cas elle devoit être enregistrée par le préteur ou le président de la province.

B) Adoption. (V. Gell, V, 19; *D. de ad.*, 2—5; Ulp., 8, 2—4; *Cod. de ad.*, 11.)

§. 55. Les adoptions se font devant tous les magistrats qui ont l'action de la loi: à Rome, c'est ordinairement le préteur, et dans les provinces, le président de la province. (Cf. *D. de ad.*, 3; 36; *de offic. jurid.*, 1.)

§. 56. Le magistrat qui a l'action de la loi peut émanciper ses fils ou les donner en adoption devant lui-même. (*D. de ad.*, 4.)

§. 57. Le président ou le consul, qui est fils de famille, peut également être émancipé ou donné en adoption devant lui-même. (*Ibid.*, 3.)

§. 58. Les adoptions s'opèrent par trois émancipations de la part du père véritable et de la part du père adoptif, par autant de révendications correspondantes, dont les deux premières seulement sont suivies chacune d'une manumission, si c'est un fils qu'on donne en adoption; si c'est une fille, ou un enfant à un degré plus éloigné, il n'est besoin que d'une seule manumission et d'une seule révendication. (*Cod. de ad.*, 11; cf., sur le rite de ces émancipations, GAJ., 1, 6, 4; HEINECC., *Ant. Rom.*, 1, 12.)

§. 59. Qui est-ce qui est chargé d'examiner l'existence des conditions requises?... Les pontifes?... les magistrats eux-mêmes?... Ils auroient été juges et parties à la fois. (Cf. §§. 56, 57.)

§. 60. L'adoption exige la présence de l'adoptant; on n'admet point de fondé de pouvoir. (*D. de ad.*, 25, 1.)

Le Digeste n'exprime pas que la présence de l'adopté et de son père soit nécessaire aussi; mais je le présume. L'importance de l'acte la réclame, aussi bien que celle de l'adoptant; le rite de l'émancipation la suppose.

§. 61. L'enfant qui est donné en adoption n'a pas besoin d'exprimer formellement sa volonté; il suffit qu'il ne contredise point. (*D. de ad.*, 5.)

§. 62. Il en est de même du père qui le donne en adoption (*ibid.*): c'est pourquoi un muet peut donner en adoption, pourvu qu'il sache manifester sa volonté d'une autre manière que par la parole. (Cf. §. 40.)

CHAPITRE IV.

Particularités.

§. 63. Par l'adoption, l'adoptant établit les liens de l'agnation entre l'adopté, lui et sa famille (cf. §. 31); mais, pour les établir, il n'a pas besoin de l'autorité des membres de sa famille. (*D. de ad.*, 7.)

§. 64. L'adoption est censée faite à perpétuité: on ne peut avoir un fils pour un certain temps seulement. (*D. ibid.*, 34.)

Ce principe n'est-il pas éludé par l'émancipation?

§. 65. L'adopté ne sort pas de son rang pour entrer dans celui de l'adoptant; mais il réunit les deux. (*D. de ad.*, 37; cf. §. 17.)

§. 66. Le patron qui a adopté son affranchi ne peut lui procurer par là les droits d'ingénuité dont il jouit lui-même, et les priviléges qui y sont astachés. (*D. de stat. hom.*, 27; Gell., V, 19; *D. de rit. nupt.*, 32; cf. §. 18.)

§. 67. Un rescrit de Dioclétien et Maximien, de 286, astreint même celui qui veut adroger son affranchi à alléguer un juste motif dans sa demande, c'est-à-dire qu'il n'a point d'enfans; sans quoi elle est nulle. (*Cod. de ad.*, 3.)

§. 68. On ne peut adroger l'affranchi d'autrui (*D. de ad.*, 15, 3; cf. §. 25.), à cause des droits du patronage qu'exerçoit le maître sur son affranchi, lesquels étoient incompatibles avec une telle adoption. Cependant le fils qui a été procréé durant l'esclavage de son père, et qui a été affranchi dans la suite, peut, par bénéfice du prince, passer sous la puissance de son père au moyen de l'adrogation. (*D. de ad.*, 46.)

§. 69. On peut adopter quelqu'un en qualité d'enfant ou de descendant ultérieur (*D. de ad.*, 2; 43), quand même on n'auroit pas de descendant au premier degré (*ibid.*, 37; Ulp. 8, 7); et les enfans de l'adopté entrent dans la place et les droits de leur père (*D. de ad.*, 37; cf. *ad SC. Tert.*, 5, *pr.*, et §. 1), à sa mort, mais non à son émancipation. (Voy. §§. 90, 93.)

§. 70. L'adoption qui confère la qualité de petit-fils né d'un fils déterminé de l'adoptant, exige le consentement de ce fils (*D. de ad.*, 6; cf. 10; 11). L'adopté, dans ce cas, ne devient pas héritier sien de l'adoptant; car, à la mort de ce dernier, il retombe sous la puissance de son fils, et obtient les droits de consanguinité à l'égard des enfans de ce fils. (*D. de ad.*, 10; 44; cf. *de suis et legit.*, 1, 11.)

§. 71. Mais, si ce fils n'a pas donné son consentement à l'adoption, l'adopté ne retombe point sous sa puissance à la mort de l'adoptant (*D. de ad.*, 11). Il n'est pas censé non plus être le frère des enfans de ce fils (*ibid.*, 44); mais il est considéré comme provenant de l'adoptant par un fils incertain et décédé (cf. *ibid.*, 43), dont il recueille la portion dans la succession du père, comme dans le cas de l'adoption en qualité de petit-fils faite par un père qui n'a jamais eu de fils. (Cf., *ibid.*, 37; ULP., 8, 7.)

§. 72. Le père de famille a plein pouvoir de retenir ou de renvoyer toute personne constituée sous sa puissance. (*D. de ad.*, 28.)

§. 73. Ni l'enfant légitime ni l'adoptif n'ont moyen de le contraindre à les renvoyer de sa puissance. (*Ibid.*, 37.)

§. 74. Mais ils ont le droit de s'opposer quand leur père veut les donner en adoption (cf. §. 61). Ce droit auroit été illusoire pour les adoptés encore impubères et *infantes*, sans les lois 32; 33, *D. de ad.*, lesquelles portent que l'impubère adopté, par le moyen de l'adoption ou de l'adrogation (cf. *D. de minorib.*, 3, 6), devra être quelquefois entendu, si, à la puberté, il désire son émancipation; et on doit même la lui accorder alors, et le rétablir dans son ancien état, s'il prouve que l'adoption ne lui a été d'aucune utilité. (Cf. §. 81 et suiv.)

Jusqu'à quelle époque cette action lui restoit-elle ouverte?... Avant son arrivée l'adoption n'est que provisoire.

§. 75. L'enfant adopté par un émancipé ne devient point par cette adoption petit-fils du père de l'émancipé. (*D. de adopt.*, 26.)

§. 76. L'aïeul peut émanciper l'enfant issu de l'un de ses fils, et le réadopter comme provenant de l'autre. (*D. de adopt.* 15, 1.)

§. 77. Il peut émanciper son fils et le réadopter comme petit-fils (*D. de lib. et posth.*, 23, *pr.*): celui-ci devient alors frère de ses enfans restés sous puissance.

§. 78. Il peut adopter son petit-fils en qualité de fils (*D. ad*

SC. Tert., 2, 19) : celui-ci devient alors frère de l'un ou l'autre de ses père et mère.

§. 79. A la mort de l'aïeul qui a réadopté un fils émancipé ou donné en adoption, et dont il avoit retenu les enfans sous puissance, ces derniers ne retombent plus sous la puissance de leur père. (*D. de adopt.*, 41.)

L'émancipation du fils opéroit donc sur les petits-fils restés sous la puissance de l'aïeul les mêmes effets que sa mort.

§. 80. L'adoption non contractée d'après les règles du Droit peut être confirmée par le prince (*D. de adopt.*, 38), d'après un examen par les juges, auquel sont admises les parties qui seroient lésées par la confirmation de l'adoption (*ibid.* 39).

§. 81. Le mineur encore pupille étoit incapable de contracter l'adrogation ; sorti de tutelle, il y avoit plein pouvoir (§. 47) : mais, depuis CLAUDE (41 — 54 *a. d. J. Ch.*), tout mineur a besoin de l'autorité d'un curateur pour son adrogation. (*D. de adopt.*, 8.)

§. 82. Depuis T. ANTONIN le pieux (139 — 161 *d. J. Ch.*) on peut adroger même des pupilles de l'un et de l'autre sexe. (ULP. 8, 5 ; *D. de adopt.*, 17 — 22 ; *si quid in fraud. patr.*, 13 ; *I. de adopt.*, 2.) Cette adrogation ne peut avoir lieu que pour cause d'une cognation naturelle ou d'une sainte affection de la part de l'adrogeant.

§. 83. Les formes particulières de cette adoption sont :

A) On examine

a) La fortune du pupille et celle de l'adrogeant, pour estimer si l'adrogation est profitable au pupille. Quelquefois on permet l'adrogation d'un pupille plus riche par une personne plus pauvre, *si vitæ ejus sobrietas clara sit, vel affectio honesta nec incognita.*

b) La vie.

c) L'âge de l'adrogeant, *ut æstimetur an melius sit de liberis procreandis cogitare eum, quam ex aliena familia quemquam redigere in potestatem suam.*

d) S'il a des enfans, pour voir si on doit lui refuser d'en adopter un autre, *ne aut illorum, quos justis nuptiis procreavit, deminuatur spes, quam unusquisque liberorum obsequio parat sibi; aut qui adoptatus fuit minus percipiat, quam dignum erit eum consequi.*

B) On ne permet l'adrogation, d'après cet examen, que quand l'adrogeant a fourni caution de restituer, à la mort de l'adrogé décédé avant sa puberté, les biens apportés par ce dernier à ceux de ses parens qui auroient dû les avoir sans la survenance de l'adoption : si cette caution a été omise, on accorde une action utile contre l'adrogeant. (Voyez sur tous ces détails *D. de adopt.*, 17 — 22.)

§. 84. Ses effets sont :

A) Si l'adrogé meurt avant sa puberté, l'adrogeant doit restituer les biens.

B) L'adrogé ne peut être émancipé que quand il en a été jugé digne, d'après un examen de la cause, et alors l'adrogeant doit lui restituer ses biens.

C) L'adrogeant qui l'émancipe sans juste motif, ou qui le déshérite, est obligé en outre de lui abandonner le quart des biens qu'il possède à sa mort. (*I. de adopt.*, 3; *D. si quid in fraud. patr.*, 13; *C. de adopt.*, 2.)

D) Si l'adrogé qui a survécu à l'adrogeant meurt avant d'être parvenu à la puberté, les héritiers de l'adrogeant doivent restituer ses biens, et en outre le quart des biens de l'adrogeant.

E) L'adrogeant peut substituer pupillairement à l'adrogé, mais relativement au quart seulement des biens recueillis dans sa succession.

§. 85. Au lieu de l'allégation de la cause mentionnée (§. 82) un rescrit de DIOCLÉTIEN et MAXIMIEN, de l'an 286, exige de la part des proches de l'impubère une affirmation, devant le président de la province, que cette adoption lui est profitable. (*C. de adopt.*, 2.)

§. 86. Celui qui a géré la tutelle ou la curatelle d'une personne, ne peut l'adroger si elle n'est majeure de 25 ans, de peur qu'il ne le fasse dans l'intention d'éluder la reddition des comptes. (*D. de adopt.*, 17, *pr.*)

§. 87. Cependant, d'après un rescrit de T. ANTONIN le pieux, le beau-père peut adroger le beau-fils dont il est tuteur. (*D. de adopt.*, 32, 1.)

CHAPITRE V.

Différences entre la paternité véritable et la paternité adoptive.

§. 88. *A*) La paternité véritable confère à l'enfant les droits d'agnation relativement au père et à sa famille, et les droits de cognation, relativement à la mère et à sa famille.

B) La paternité adoptive ne confère à l'adopté que les droits d'agnation relativement au père et à sa famille. (§§. 31, 32.)

§. 89. *A*) Un certain nombre d'enfans véritables, quoique émancipés, donnent droit au père à différens privilèges.

B) Les enfans adoptifs n'y donnent aucun droit. (GELL., V, 19; TACIT., *Annal.*, 15, 19; *D. de excus.*, 2, 3; *de vacat. et exc.*, 2, 2.)

§. 90. *A*) L'émancipation de l'enfant véritable ne dissout que quelques-uns des liens qui existoient entre lui, son père et sa famille. (§§. 89, 91, et suiv.)

B) L'émancipation de l'enfant adoptif dissout tous les liens provenant de l'adoption. (Voyez cependant §. 93, *B; D. de adopt.*, 13. Le vague de son expression s'explique par *I. de hered. quæ ab int.*, 9—14; *D. unde lib.*, 1, 6; 4; *unde cogn.* 3; *de rit. nupt.*, 55.) *In omni fere jure*, dit la loi 13, *D. de adopt.;* car, bien que l'émancipation dissolve l'adoption, elle n'en efface pas cependant toutes les traces : la loi attache à cette dissolution de l'adoption quelques effets tendant à prohiber de nouveaux liens entre les personnes qu'elle avoit liées ; tels que la défense de la réadoption (§. 94) et de certains mariages. (*D. de rit. nupt.*, 55.) L'adoptant a-t-il conservé sur les biens de l'adopté les mêmes droits que sur ceux de son enfant véritable ? (V. §. 93, *B.*)

C) L'émancipation du fils adoptif fait-elle sortir de la puissance de l'adoptant le petit-fils qui provient de l'adopté, et qui est conçu et né chez l'adoptant ?... Il le paroît, d'après les principes énoncés : d'ailleurs la loi 14, *D. de adopt.*, porte qu'un tel petit-fils, même par sa propre émancipation, perd tous ses droits, c'est-à-dire qu'il devient *extraneus* à l'adoptant, comme s'il avoit été adopté lui-même : tel au moins me paroît être le sens le plus naturel de cette loi.

§. 91. *A*) La perte de l'agnation naturelle par une *capitis diminutio* n'en dissout pas la cognation. (*D. unde cogn.*, 1, 4 ; 5 ; cf. §. 33 ; *I. de hered. quæ ab int.*, 13.) *Jura sanguinis nullo jure civili dirimi possunt*, dit la loi 8 *de div. reg. jur.*, avec laquelle celles *Und. cog.* 1, 2 ; *ad SC. Tert.*, 1, 4, ne semblent pas être en harmonie : le mot *jura sanguinis* s'explique par *D. de ad.*, 23.

B) La perte de l'agnation adoptive dissout aussi la cognation adoptive (voy. les passages cités §. 90, et particulièrement *D. und. cogn.*, 3) : l'adopté émancipé devient *extranèus* à l'adoptant et à sa famille. (*I. de hered. quæ ab int.*, 10.)

§. 92. *A*) Les enfans véritables émancipés peuvent prétendre dans la succession de leur père les mêmes droits que les enfans restés sous puissance. (*I. de hered. quæ ab. int.*, 11 ; 12 ; *D. und. lib.*, 4.)

B) Les enfans adoptifs émancipés n'ont plus rien à prétendre dans la succession du père adoptif. (*I. ibid.* ; *D. und. lib.*, 1, 6 ; 4.)

§. 93. *A*) Le père naturel conserve sur les biens de ses enfans émancipés les mêmes droits que le patron sur ceux de ses affranchis. (*D. si a par. quis*, 1, *pr.* ; *I. quib. mod. jus patr.* 6 ; Gaj. 1, 6, 4.)

NOODT, HEINECCIUS et HOEPFNER prétendent, j'ignore sur quel fondement, que le père devenoit patron de l'émancipé. Les passages que je viens de citer, ne contiennent point cette assertion; ils semblent même en indiquer le contraire, et les lois *D. si a par. quis*, 1, 5; 2; 4, semblent l'exprimer.

B) Le père adoptif jouit également de ce droit, comme *manumissor* de l'enfant, d'après le *D. ad SC. Tert.*, 2, 15; 3; cf. GAJ., 1, 6, 4, quoique les passages cités §. 90, et surtout *I. de hered. quæ ab int.*, 10; *D. si a par. quis*, 1, *pr.*, et §. 1.er et suiv., semblent en indiquer le contraire : mais il en est exclus par la mère naturelle, et à plus forte raison par le père. (V. la citation *ad. SC. Tert.*)

§. 94. *A*) L'enfant émancipé par son père véritable peut retourner sous sa puissance par l'adrogation, qui est le seul moyen honnête à cet effet (*D. de ad.*, 12; exemples, v. *ibid.* 41; *und. lib.*, 4).

B) L'enfant adoptif, une fois émancipé ou donné en adoption par son père adoptif, ne peut plus revenir sous sa puissance. La réadoption est interdite (*D. de ad.*, 37): aussi pour l'enfant véritable?... Il le paroît, à cause de l'expression générale de cette loi et de la parité des motifs.

TITRE III.

Adoption de JUSTINIEN.

§. 95. La licence accordée au père de bouleverser tous les rapports de la famille constituée sous sa puissance, d'établir et de dissoudre des familles à son gré, devoit exercer une influence funeste sur la morale publique, et entraînoit de grands préjudices pour les personnes constituées sous leur puissance : leur état de famille étoit toujours flottant, et bien souvent elles étoient fraudées des successions auxquelles elles auroient eu juste droit de prétendre.

§. 96. Le véritable moyen de remédier à ces désordres auroit été l'abolition de ce système sur la puissance paternelle, et l'établissement d'un autre plus conforme à la nature.

§. 97. Mais, quoique la législation romaine, surtout depuis les empereurs, présente un effort continuel pour en mitiger la rigueur primitive, il paroît cependant que, du temps de JUSTINIEN, on étoit encore trop captivé dans les ténèbres des préjugés vieillis avec la nation romaine, pour qu'on eût pu reconnoître déjà, dans sa racine et dans toute son étendue, la véritable cause de ces désordres, et l'impossibilité de conserver un tel état de choses.

§. 98. JUSTINIEN avoit principalement remarqué deux vices (*Cod. de ad.*, 10, *pr.*), mais qui ne se rapportent qu'à l'adoption proprement dite : 1.° le fils donné en adoption par son père naturel n'avoit pas toujours l'action *de inofficioso* contre le testament de celui-ci, dans lequel il avoit été omis, quand même il risquoit de ne recueillir rien non plus dans la succession du père adoptif, à cause de son indigence ; 2.° quand même le père adoptif avoit des biens, il n'avoit qu'à émanciper l'adopté après la mort de son père naturel, pour qu'il fût spolié de la succession de l'un et de l'autre de ces deux pères.

§. 99. JUSTINIEN ne crut pouvoir remédier à ces deux défauts qu'en attachant le fils donné en adoption immuablement à l'un ou à l'autre des deux pères : il trouva plus analogue à la nature des choses et aux mœurs du siècle de se décider en faveur du père naturel (*Cod. de ad.*, 10, *pr.*, *cum enim tanta fragilitas*, *etc.*), et il établit que

§. 100. L'adoption faite par un *extraneus* ne dissout aucun lien de la nature; c'est-à-dire,

§. 101. L'adopté reste dans la famille et sous la puissance de son père naturel, et par conséquent ne passe ni dans la famille ni sous la puissance du père adoptif.

§. 102. Il n'a que le droit d'un héritier sien à la succession *ab intestat* du père adoptif seulement (il reste étranger à tous les autres membres de la famille de l'adoptant), sans que l'adoptant soit obligé de lui laisser quelque chose par testament.

§. 103. L'émancipation de l'adopté par le père adoptif lui fait perdre ce droit de succession *ab intestat.*

§. 104. Ces effets réduisent l'adoption à un contrat particulier à l'adoptant et à l'adopté ; elle ne concerne plus une famille entière. (Cf. §§. 31 et 63.)

§. 105. L'émancipation avoit pour but de faire sortir l'émancipé de la puissance et de la famille de l'émancipateur. Aucun de ces effets ne pouvoit plus avoir lieu d'après l'adoption de Justinien : celle-ci n'en établit qu'un seul (§. 102), qui est une espèce de donation révocable par l'émancipation. Néanmoins je présume qu'elle en établit encore un autre, mais que Justinien n'exprime pas formellement, savoir, que l'adoptant prend l'adopté chez lui, pour l'élever et se l'attacher peu à peu, comme anciennement, sans cependant jouir de la puissance paternelle sur lui : les expressions, *quasi non fuisset in aliam familiam translatus; cum ad extraneum patrem filius per adoptionem transfertur; quasi extraneus ad illam familiam* (*adoptivi patris*) *inveniatur* (*C. de adopt.*, 10, *pr.*, *et* §. 1), m'y conduisent.

§. 106. Justinien observa des principes tout-à-fait contraires aux précédens, dans le cas où le père donne son fils en adoption à l'un des ascendans de ce fils, p. ex., à l'aïeul maternel; ou si le père est émancipé à l'aïeul paternel. Dans ce cas,

§. 107. L'adopté passe dans la famille et sous la puissance de l'adoptant, et en général l'adoption entraîne les mêmes effets que dans la législation antérieure.

§. 108. L'émancipation de l'adopté le fait revenir à son père naturel.... Sous sa puissance? Dans sa famille?.... Et si le père naturel étoit mort avant l'émancipation de son fils, ce dernier n'étoit-il pas fraudé de sa succession?....

§. 109. Cette seconde disposition sur l'adoption est un triomphe de l'ancien système de la paternité sur les droits de la nature : par la première, Justinien avoit rendu hommage aux droits de la nature, et blessé les mœurs du siècle encore attachées à l'ancien système; il semble que, par cette seconde disposition, et surtout par l'accumulation des motifs qu'il allègue, il ait voulu se réconcilier avec les mœurs qu'il avoit outragées.

§. 110. Par rapport à l'adrogation, aux conditions et aux formes de l'adoption, Justinien laisse subsister la législation du Digeste; seulement il établit, relativement à l'adoption proprement dite, que le père qui veut donner en adoption, peut le faire, en négligeant les détours du rite précédent (v. §. 58), devant le juge compétent, en présence de l'adoptant et de l'adopté, qui ne doit pas contredire. (*Cod.*, *de ad.*, 11.)

SECONDE PARTIE.

ADOPTION FRANÇOISE.

CHAPITRE I.er

Effets.

§. 111. L'adopté reste dans sa famille naturelle. (Cod. civ., 348.)

A) Il y conserve tous ses droits et obligations relativement aux successions, à la demande ou à la fourniture d'alimens, suivant les articles 205 — 211 du Code civil, à l'obligation de demander le consentement ou de requérir le conseil pour le mariage (148 et suiv., Cod. civ.) et pour l'adoption (346, C. civ.).

B) L'adopté n'entre point dans la famille de l'adoptant: il n'y a aucun droit de successibilité entre l'adopté et les membres de la famille de l'adoptant. (Cf. §. 113 et suiv.)

§. 112. L'adoption confère le nom de l'adoptant à l'adopté, en l'ajoutant au nom propre de ce dernier. (347, Cod. civ.)

§. 113. L'adoption confère à l'adopté sur la succession de l'adoptant les mêmes droits que ceux qu'y auroit l'enfant né en mariage. (350, Cod. civ.)

A) Les enfans survenus à l'adoptant n'excluent point l'adopté de la succession de leur père; mais ils y concourent avec lui à droits égaux.

B) L'adoptant ne peut disposer de ses biens par acte entre-vifs ou par testament que dans la proportion fixée par l'art. 913, Cod. civ.

C) Si l'adopté meurt, ses descendans succèdent en ses droits par représentation.

§. 114. L'obligation naturelle de se fournir des alimens, qui continuera d'exister entre l'adopté et ses père et mère, sera considérée comme commune entre l'adoptant et l'adopté, l'un envers l'autre. (349, Cod. civ.)

§. 115. Le mariage est prohibé entre

L'adoptant, l'adopté et ses descendans;

Les enfans adoptifs du même individu;

L'adopté et les enfans qui pourroient survenir à l'adoptant;

L'adopté et le conjoint de l'adoptant, l'adoptant et le conjoint de l'adopté. (348, Cod. civ.)

A) Tous ces effets (§. 111—115) semblent découvrir l'intention de la loi, d'établir une liaison intime, une sorte de paternité entre l'adoptant et l'adopté, telle que je l'ai définie dans l'introduction: cette intention se manifeste plus distinctement dans plusieurs conditions (V. §§. 120 et 121). Quoique cette paternité, cette parenté, ne concerne que l'adoptant et l'adopté, la loi cependant a établi des prohibitions de mariage relativement à d'autres personnes encore, se fondant sur une affinité morale et les rapports de la cohabitation que l'adoption produit entre elles.

§. 116. L'adoption une fois contractée est irrévocable: la loi n'indique aucun moyen légal de la dissoudre.

CHAPITRE II.

Conditions.

§. 117. On peut adopter et être adopté, à quelque sexe qu'on appartienne. (343, 348, Cod. c.)

§. 118. Pour adopter, il faut avoir plus de cinquante ans. (343, Cod. c.)

L'adopté ne doit plus espérer d'enfans naturels, n'être plus exposé aux égaremens de la jeunesse.

§. 119. L'adoptant ne doit avoir ni enfans ni descendans légitimes. (343, Cod. c.)

§. 120. Il doit avoir quinze ans de plus que l'individu qu'il se propose d'adopter. (343, Cod. c.)

Pour pouvoir figurer en quelque sorte comme père de quelqu'un, il faut au moins pouvoir l'être à peu près par l'âge. De cette manière il y a aussi présomption de survie assez forte en faveur de l'adopté.

§. 121. L'adopté doit avoir fourni des secours et donné des soins non interrompus à l'adopté pendant six ans au moins de la minorité de celui-ci. (345, Cod. c.)

L'adoption est irrévocable : elle ne doit point être le fruit du caprice, mais celui d'une réflexion mûre, d'une volonté constante; cette réflexion et cette volonté sont assujetties à une épreuve de six ans au moins. L'adoption devant établir un rapport de paternité, ces six ans doivent être consacrés, de la part de l'adoptant, à fournir des secours et à donner des soins non interrompus à l'adopté encore mineur, c'est-à-dire, à pourvoir à son éducation et à son entretien physique. L'adopté doit être mineur pendant tout ce temps ; le majeur ne remplit plus aussi facilement, aussi bien le but de la loi ; plus on augmente en âge, moins on devient susceptible de concevoir des sentimens qu'on n'a pas connus dans sa jeunesse, moins on peut satisfaire une personne qui veut adopter. Cette disposition écarte de l'adoption les causes honteuses et les spéculations de l'avidité : le majeur, guidé par l'espoir du gain, et possédant un plus grand empire sur lui-même, pourroit plus aisément tromper la foiblesse d'un vieillard, et l'entraîner à une adoption funeste.

§. 122. L'adoptant doit avoir le consentement de son conjoint. (344, Cod. c.)

Il semble naturel que le fils adoptif d'un époux soit aussi celui de son conjoint : mais les conditions requises peuvent exister dans l'un et manquer dans l'autre ; elles peuvent même exister dans les deux époux à la fois, mais différentes circonstances et relations de famille peuvent retenir d'une certaine adoption l'un d'entre eux : la loi leur a donc permis d'adopter séparément. Cependant, l'adoption associant en quelque sorte l'adopté à la famille de l'adoptant, pour empêcher qu'il n'y soit introduit au détriment de la paix conjugale, l'adoption ne peut avoir lieu sans le consentement du conjoint de l'adoptant.

§. 123. Le même individu ne peut être adopté par plusieurs, si ce n'est par deux époux. (344, Cod. c.)

Peut-on avoir simultanément plusieurs pères adoptifs, ou plusieurs mères adoptives, ou des père et mère adoptifs non unis par le lien conjugal ? La loi le défend, pour ne pas avilir la dignité de l'adoption, et faire naître une foule de collisions, de devoirs et de contestations ruineuses, par rapport aux §§. 114, 128, et suiv., en accordant des droits égaux sur un même individu à plusieurs personnes de différens intérêts.

Cette collision de devoirs n'existe pas entre les père et mère adoptifs et naturels ; ces derniers l'emportent toujours sur les autres.

Peut-on avoir successivement plusieurs père et mère adoptifs ? La loi par son expression générale le défend. A-t-elle raison ?

§. 124. L'adoption ne peut avoir lieu avant la majorité de l'adopté. (346, Cod. c.)

L'adoption est irrévocable et dispose de la personne de l'adopté: on n'a permis à la contracter qu'à l'adopté lui-même, et à sa majorité.

Le mariage, contrat semblable, est permis cependant à des mineurs. Oui; mais ils ne peuvent le contracter sans autorisation spéciale. (159 et 160, Cod. c.) Pourquoi ne pas admettre la même chose pour l'adoption? Le mariage est beaucoup plus nécessaire et plus fréquent que l'adoption; le moment favorable de le contracter dépend bien souvent de circonstances momentanées, dont il faut se saisir pour assurer le bonheur d'un individu.

§. 125. Si l'adopté a ses père et mère, il doit apporter leur consentement, s'il est mineur de vingt-cinq ans, et requérir leur conseil, s'il est majeur de vingt-cinq ans. (346, Cod. c.)

L'adoption est, de la part de l'adopté, une modification de son état, une disposition de sa personne: aussi long-temps qu'il est sous la puissance de ses père et mère, il a besoin de leur consentement à l'adoption; s'il en est sorti, à cause du respect qu'il leur doit, il est tenu de requérir leur conseil.

La loi admet deux sortes de majorités: l'une à vingt-un ans, pour disposer de ses biens (488, Cod. c.); l'autre à vingt-cinq ans, pour disposer de sa personne, comme dans l'adoption (346, Cod. c.) et le mariage (148 et suiv., Cod. c.). Il n'est qu'une seule exception de cette règle par rapport aux filles, qui, à vingt-un ans déjà, sont majeures pour le mariage (148, Cod. c.), parce qu'elles sont plus précoces, et qu'elles ne jouent qu'un rôle secondaire dans la société.

§. 126. Si l'adopté a sauvé la vie à l'adoptant, soit dans un combat, soit en le retirant des flammes ou des flots, les conditions, §§. 118, 120, 121, ne sont pas nécessaires; il suffit que l'adoptant soit majeur, plus âgé que l'adopté, et que les conditions, §§. 119, 122, 125, existent. (345, Cod. c.)

La loi paroît employer ici le mot *combat* dans son acception spéciale de lutte contre la force humaine. N'auroit-elle pas dû l'admettre dans sa plus grande extension, pourvu qu'il soit évident que l'adopté a sauvé la vie à l'adoptant ?

Un pareil dévouement dissipe toutes les objections qui peuvent s'élever contre une adoption ordinaire : la loi accorde en ce cas la plus grande latitude possible.

§. 127. Peut-on adopter plusieurs personnes simultanément ou successivement ? Il n'y a pas de raison pour le défendre : la loi y autorise indirectement (348, C. c.).

CHAPITRE III.

Effets particuliers. (Art. 315, 352, Cod. civ.)

§. 128. Si l'adopté meurt sans descendans, ce sont ses plus proches parens qui lui succèdent (§. 111, *A*). Cependant, comme l'adoptant, en faisant des donations à l'adopté, ne peut être présumé avoir voulu se priver, lui et ses descendans qui auroient pu lui survenir, qu'en faveur de l'adopté et de sa descendance seulement, et puisque sa volonté doit être la seule règle dans ces matières, la loi suppose que c'est ici la condition tacite imposée à tous les bénéfices que l'adopté retire de la part de l'adoptant, et qu'avant de profiter aux autres membres de la famille de l'adopté, ils retourneroient à l'adoptant et à ses descendans. Mais ce retour ne peut être absolu ; car, à mesure que les biens passent dans d'autres mains, ils perdent leur caractère originaire, et une réversion qui ne pourroit s'effectuer que par un certain nombre de personnes intermédiaires, seroit presque toujours impraticable. C'est pourquoi il a fallu restreindre cette réversion dans de justes limites, et la loi décide qu'elle n'aura lieu que

A la mort de l'adopté, en faveur de l'adoptant et de ses descendans;

A l'extinction de la descendance de l'adopté du vivant de l'adoptant, et dans ce cas en faveur de l'adoptant seulement.

Elle suppose que, dans chacun de ces deux cas, les biens provenant de l'adoptant conservent encore assez évidemment leur qualité originaire de réversibles, et que cette réversibilité ne seroit effacée que par la mort de l'adoptant et de l'adopté avant l'extinction de la descendance de ce dernier.

§. 129. La loi n'admet pas ce droit de réversion indistinctement pour tous les biens provenant de l'adoptant, mais seulement pour ceux qui se retrouvent en nature. Les choses aliénées ne retournent donc plus ? Les choses fongibles en général ne se retrouvent pas en nature; un capital, un fonds de marchandises, composant quelquefois la fortune entière d'un homme, ne retournent donc plus, tandis que le retour auroit lieu pour quelques meubles usés ? Je ne puis approuver cette disposition : elle me semble paralyser l'amour et la générosité de l'adoptant dans leur plus bel essor.

§. 130. Pour que ce droit de retour ait lieu, il faut seulement que l'adopté soit décédé sans enfans légitimes; un enfant naturel, et moins encore un enfant adoptif, ne sauroient s'y opposer.

CHAPITRE IV.

Formes.

§. 131. L'adoption est une matière civile qui concerne l'état des personnes et l'ordre des successions; la loi en a déterminé les conditions en général, et a abandonné aux tribunaux le soin d'en vérifier l'accomplissement dans chaque cas particulier.

§. 132. L'adoptant, comme personnage principal dans cet acte, entraîne à son domicile toutes les affaires qui y sont relatives. (353, 354, 357, 359, C. c.)

§. 133. Avant de vérifier l'accomplissement des conditions, le tribunal doit connoître la volonté expresse et formelle des parties de contracter l'adoption : l'article 353 du Code civil prescrit le mode de constater cette volonté par un acte passé devant le juge de paix.

Cet acte est authentique (1317, C. c.); il consomme l'adoption relativement aux parties contractantes seulement l'une envers l'autre : les effets de l'adoption commencent à courir entre elles dès la passation de l'acte, et aucune ne pourroit plus retirer sa volonté sans le consentement formel de l'autre.

§. 134. Les articles 354 à 358 du Code civil prescrivent la manière de porter cette volonté des parties à la connoissance des tribunaux, et le mode que ceux-ci doivent suivre pour permettre ou refuser l'adoption.

§. 135. L'arrêt d'admission n'établit point l'adoption avec tous ses effets civils; il ne fait que la permettre. Il est affiché. Est-ce pour informer le public d'un changement important dans l'état de deux personnes? Ce changement n'est point opéré; il n'est pas même certain qu'il s'opèrera. Pour porter l'affaire à la connoissance de telles personnes qui, par des motifs particuliers, pourroient détourner encore d'une adoption funeste?...

§. 136. Ce n'est que l'inscription de l'arrêt qui établit les effets de l'adoption. Avant l'inscription l'adoption est résoluble par consentement tacite ou formel; mais après l'inscription on ne peut plus la révoquer : fixé une fois, l'état des personnes doit être immuable.

A) Cette inscription sera faite sur le registre de l'état civil : c'est ce registre qui est le dépositaire de l'état des personnes et des titres des héritiers légitimes. (Cf. §. 131.)

B) Elle sera faite dans les trois mois de l'arrêt d'admission; car les effets (§§. 113 à 115) rétroactifs, au moment de la passation de l'acte devant le juge de paix, établissant différens droits, dont surtout celui de l'article 113 peut entrer en collision avec d'autres droits et suspendre l'exécution de ces derniers, il a été urgent de prescrire un délai de rigueur dont l'inobservation entraîne la nullité de toute la procédure : il faut accélérer le résultat définitif de l'adoption autant que le permet l'importance de la matière.

§. 137. Pour le même motif la loi a prescrit encore deux autres délais (354, 357, C. c.), mais sans attacher à leur inobservation la peine de nullité : ils ne sont donc que comminatoires ; les tribunaux doivent en surveiller l'exécution, et peuvent, après l'écoulement du délai, refuser de prononcer, ou bien aussi passer outre, suivant qu'ils le jugent à propos.

§. 138. Puisque l'acte passé devant le juge de paix consomme l'adoption par rapport aux parties, et que dès-lors les effets commencent à courir, si l'adoptant meurt après la passation de l'acte, l'adopté devroit pouvoir poursuivre l'admission et l'inscription de l'adoption, pour jouir de ses conséquences de même que si l'adoptant étoit en vie; mais la loi craint qu'en ce cas l'adoption n'ait été le résultat d'un moyen illicite employé sur la foiblesse de l'adoptant, et elle exige une formalité de plus, savoir, que l'acte ait été porté devant les tribunaux : elle paroît supposer alors que l'adoptant, s'il avoit eu des moyens d'inadmissibilité, seroit intervenu pour les proposer, ou qu'il les auroit transmis du moins à ses héritiers légitimes pour les faire proposer par eux.

FIN.

www.ingramcontent.com/pod-product-compliance
Ingram Content Group UK Ltd.
Pitfield, Milton Keynes, MK11 3LW, UK
UKHW020458230726
13925UKWH00005B/2012